ausgesetzt dem Wind

Haiku-Vielfalt

Claus Hansson und Ilse Jacobson

Bibliografische Information der Deutschen
Nationalbibliothek:

Die Deutsche Nationalbibliothek verzeichnet diese
Publikation in der Deutschen Nationalbibliografie;
detaillierte bibliografische Daten sind im Internet über http://
dnb.dnb.de abrufbar.

Umschlagfoto: Tokugawa-Brücke in Nikko, Japan, April
2018

Herstellung und Verlag:
BoD – Books on Demand, Norderstedt

ISBN: 9783750470316

Inhalt

Ausgesetzt auf den Bergen des Herzens

Ausgesetzt auf den Bergen des Herzens. Siehe, wie
klein dort,
siehe: die letzte Ortschaft der Worte, und höher,
aber wie klein auch, noch ein letztes
Gehöft von Gefühl. Erkennst du' s?
Ausgesetzt auf den Bergen des Herzens. Steingrund
unter den Händen. Hier blüht wohl
einiges auf; aus stummem Absturz
blüht ein unwissendes Kraut singend hervor.
Aber der Wissende? Ach, der zu wissen begann
und schweigt nun, ausgesetzt auf den Bergen des
Herzens.
Da geht wohl, heilen Bewusstseins,
manches umher, manches gesicherte Bergtier,
wechselt und weilt. Und der große geborgene Vogel
kreist um der Gipfel reine Verweigerung. – Aber
ungeborgen, hier auf den Bergen des Herzens ...

Geschrieben am 20. September 1914.

- Rainer Maria Rilke -

aufbrechende Erde

aufbrechende Erde und ich schlief ...

IJ

(Erdbeben Zollernalb 1978)

Kreischender Stahlstrang –
die zarte Mauerblume
trotzt der Einsamkeit.

CH

zwischen den Jahren

zwischen den Jahren
dieses Licht am Horizont

IJ

Raunächte –
der Funkenflug
verweht

CH

Raunächte –
mit den Bäumen
lauschen

IJ

Neujahrsabend
im Dorf unterwegs
nur der Mond

CH

das tiefe Schweigen

Nichts
erzählte sie von den Nächten
im Bunker
den Einschlägen
und jenem dumpfen Schweigen

IJ

verdunkelter Keller ...
du flüstertest Märchen
in den Advent

IJ

Hab und Gut
in ihrem Umhang
verknotet
etwas das bleibt
ohne Worte

IJ

der andere Schrei ...
ein Land steht still

IJ

(Absturz Malaysia-Airlines-Flug 17, Juli 2014)

Aleppo –
wir verschweigen
uns

IJ

(2016)

Fronturlaub
die Sprache zieht sich zurück

IJ

Nachtviolen ein Wort entfaltet sich

IJ

Am Gipfelkreuz
zum Anlehnen
nur der Himmel

IJ

- für Erik -

mit ihr
die Zeit vergessen
Blüte Rumis

CH

Dieses Haiku entstand im Coachingprozess aus der Feder eines Klienten. Es lässt mich dankbar zurück. Denn es beschreibt den weiten Raum der Seele, wenn wir einander jenseits von richtig und falsch begegnen. Dort, wo Zeitgefühl aufhört und sich der Raum ins Unendliche ausdehnt, nehmen wir Herzensverbindung wahr und kosten ein Stück Heil-Sein.

Ich danke für die Erfahrung, begleiten zu dürfen.

- Kerstin Schreier-Gemkow -

der nächste Tag
mein Hund
kennt ihn nicht

CH

wie es mich ängstigt
das Fenster
vor meiner Stirn

IJ

REM-Phase
wieder mit Peterchen
süchtig
nach Mond

IJ

                              antiker Marmor
                        der mir Unbekannte
                         im Inneren Team*

                                      CH

im rapsgelben Meer

Märznacht
über Schneereste tastend
der Mond

IJ

ruhelos
unter dem Schnee
Tulpenknospen

IJ

unruhige Nacht
jemand nagt an den Wurzeln
meines alten Baumes

IJ

Doraku* …
im Morgenlicht
die Schwalben

CH

aprilsturm –
er brach mir den zweig
mit den blüten

IJ

an der Reling
eins mit diesem Blau
ihrer Augen

CH

Morgenritt –
mein halbblindes Pferd.
Erste Heckenrosen.

IJ

- für Meike -

den Weg suchend
im Frühnebel
singt die Shakuhachi

CH

Dämmerung
frisch aufgezogen
die Vogeluhr

CH

Bergwandern –
vor dem Blumenmond
mein Namasté

IJ

Apfelblüte
am Albtrauf –
Rumi im Wind

IJ

das Lächeln
zwischen ihnen
ein Fächer

CH

die erste Fliege
wie sie sich putzt im Licht
auf meiner Hand

CH

Wasseramsel –
ein Stein beginnt
zu zwitschern

IJ

Apfelblüte
ein Ruf wie damals
der Seeadler

CH

Mauervorsprung
durch die Ritze geschlüpft
ein wildes Blau

IJ

Wangenkuss
für eine Sekunde
Schwindel

IJ

das Dorf erblüht
im Kerzenlicht
tanzen sie Bolero

CH

im Licht der Mandelblüte
verborgen –
ein Stück Himmel

IJ

Erster Ausflug –
pochert dein Herz,
kleine Drossel?

CH

nur ein Schritt
veilchenblau entrollt sich der
Himmel

IJ

Pfirsichblüte
fortgetragen vom Wind
das Amsellied

CH

Tau im Rasen –
du verlässt uns früh,
kleiner Sperling

CH

Kirschblütenzweige –
sanft legt mein Atem an

IJ

Landregen –
mit einem Amsellied
heimkommen

CH

Wegwarte –
atme den Duft der Erde

IJ

gefällte Weide –
einmal noch treiben
im rapsgelben Meer

CH

Tage voller Jasmin
wir dehnen die Zeit

IJ

bevor ich ihn sah
zog er mich an
wilder Flieder

IJ

die Gedanken sind frei*
der Regen singt
sein eigenes Lied

CH

die Birke wispert
über dem Wollgras
flirren Libellen

CH

in meinen Morgen
der Flügelschlag
einer Sumpfmeise

IJ

im Moor
der verliebte Frosch
macht blau

CH

Synchronflug
spritzig die Landung
der wilden Erpel

CH

Renhai **Höhenwege**

Morgenrot –
wir ausgesetzt
dem Wind   IJ

ein Buchenblatt im Mai   CH
unser Schweigen teilen   IJ

verloren die Spur
in den Wurzeln der Zeit
keltische Lieder   CH

Renhai **Stille**

Albtrauf –
in seiner Stille
angekommen   IJ

auf dem Balkon Grüner Tee   CH
eine Krähe streift den Mond   IJ

Orgelpassion –
ich gehe heim im Duft
der Pflaumenblüte   CH

verborgen im Urton

*Rast! Gast sein einmal ... ***
Naras Kirschblütenduft

CH

Großer Buddha –
im Blütenkimono
ein Lächeln

CH

Basho –
der alte Steig
zum Garten

CH

Ruhe finden
in Nara
blüht die Kirsche

CH

einsamer Tempel
die Glocke lauscht
einer Kirschblüte

CH

Nantai* –
über dem See
Blütenstaub

CH

Tokonoma* ...
im Teehaus
ein Blumengesteck

CH

Butsudan* –
Weihrauch umweht
Takenori*

CH

blätterrauschen ...
beginne
die leere zu lieben

IJ

                              ruhe in mir
                                  atmen
                          um mich herum

                                      CH

Klangschalen
wie leicht ich mich einschwinge
tiefer und tiefer
verborgen im Urton
könnte Heimat sein

IJ

Shodoka* –
auf dem Schoß
ein Schnurren

CH

der alte Meister
lächelt und schlägt
Purzelbäume

CH

Teestunde
ihr Lächeln fließt
in unsere Schalen

IJ

Zafu* …
verklungen
der Gong

CH

zum Anlehnen
die knorrige Kiefer
lud mich ein
wir beide windschief
halten einander

IJ

vom Berg
die Klosterglocke
ich schließe mein Buch

IJ

im Klang der Schale
erblüht
dem Tau zuhören

CH

63

Amselgesang

Morgensonne
ein rotgelockter Schulranzen
hüpft und hüpft

IJ

Refugium
auf der Verkehrsinsel
ein Fingerhut

CH

Rushhour –
die Sommerfalter
im Flieder

CH

im Gleitflug der Milan
ich öffne meine Arme
dem Wind

IJ

heimwärts
von deiner Süße saugen
Taubnessel

IJ

Amselgesang –
ich säße gerne
neben ihr

CH

Wartende wir
stehen im Rot des Mohns

IJ

zum Abend hin
die Mohnrose
noch voller Licht

IJ

sonnenwarm
die Kiesel in meiner Hand
erzählen

IJ

Schatten
mit jedem Atemzug
tiefer

CH

aus dem Felsgestein
bricht Wasser
in die Tiefe

IJ

alter Zen-Text
der Schatten eines Efeus
wandert über dich

CH

72

Fischfang
im Käscher stumm
der Mond

IJ

Meeresduft –
auf deiner Haut
Bernstein

CH

73

ein Strandläufer –
das Rauschen des Meeres
trägt ihn fort

CH

die Abschiede
nicht zählen
hoher Sommer

IJ

kopfüber
der Turm im Fluss
wir schöpfen Worte

IJ

(Hölderlinturm / Tübingen am Neckar)

der späte Dichter –
Silberfäden
im Regenrauschen

CH

Sein Winken
ich halte mein Gesicht
in den Sommerregen

IJ

Flechtengalerie –
auf nacktem Stein atmet
die erste Schrift

CH

lange noch
das Blöken der Lämmer
Wacholderheide

IJ

Mittagshitze –
auf dem alten Kutschweg
ein Stein mit Moos

CH

barfuß
über den Moospfad
tief in die Zeit

IJ

Scherenschnitte –
abermals erblüht
der Rosenstock

CH

Mittsommernacht
ich meinte
deinen Lidschlag zu hören

IJ

ein Windhauch
erst besucht er die Rose
dann mich

CH

Spätsommer
Farben und Lieder …
ein Flakon

CH

im vorübergehen
blicke tauschen
späte rose

IJ

Sommersneige
im Abendlicht aufgeblättert
Traklverse

IJ

der alte Garten
in seine Stille fällt
ein Rosenblatt

CH

letzte Kornblume –
geblieben ihr Traum
vom wogenden Meer

CH

Nachsommer
ins Verklingen
Pachelbels Canon

IJ

Vollmondnacht
die Windenblüte
hat meinen Platz besetzt

IJ

voller Schwermut
er vergreift sich
am Akkordeon

CH

ein Federkiel –
leise zieht der Fluss
an ihm vorüber

CH

Levkojen
so duftete Mutters Haar
zum Nachtgebet

IJ

Tan-Renga

Sumpfrohrsänger –
durch die Binsen
streicht ein Boot CH

Sternenstille
etwas wird klein in mir IJ

Tan-Renga

Sommergast –
ein weißer Tiger
zum Tee CH

die Kluntjes
spinnen Seemannsgarn IJ

Renhai **Mittsommernacht**

kühles Schweigen
damals im Warteraum
Blätter rascheln   CH

Flechtenschrift auf den Felsen   IJ
ein Tanz zur Mittsommernacht   CH

unsere Schritte
in den Zauber
einer anderen Welt   IJ

Renhai **Sommerwind**

ihre Gedanken
ausgesetzt auf den Bergen*
das Schweigen bricht   CH

im See ein zitternder Mond   IJ
weiter zieht es Pegasus   CH

fliegen
wie unser Atem tanzt
mit dem Sommerwind   IJ

Renhai **sein Milieu**

ein Sommertag
ganz in seinem Milieu
das Tor zum Hof   CH

im Gespräch mit der Stille   IJ
nebenan klappert Geschirr   CH

wie es sich paart
die Melodie
wird Amselgesang   IJ

89

Renhai **mein 2CV**

Perseidenschauer
nicht lösen können
den Blick   IJ

der alte Weg durch den Wald   CH
wieder streikt mein 2CV   IJ

Stille –
ins Dämmerlicht klingt
eine Nachtigall   CH

La Sylphide

der alte Meister
sein Tagewerk vollbracht –
Maserung im Licht

CH

Trompetensolo –
im Domgewölbe
zittern die Himmel

IJ

- für Kay -

sein Notizbuch –
in Sütterlin
Liebe für sie

CH

Könnte ich Güte malen ...
Großmutters Augen

IJ

Ihre Hände –
Dürer muss sie gekannt haben

IJ

Dichterlesung –
unter der Steineiche
Seide im Wind

CH

dieses Baums Blatt * …
in seinem Schatten
der Spatz

CH

und dennoch …
Noldes blühendes Meer

IJ

La Sylphide* –
die Satinschuhe
fesseln

CH

ihr wirbelnden Winde
die Nymphe erwacht

IJ

wir Wildblumen

die Katze träumt
im Licht
tanzt die Motte

CH

Novemberblues ...
und voll mit wilden Rosen

IJ

die alte Brücke
im Licht
ein Einspänner

CH

Zum Abend hin ...
all die Namen
verwurzelt in mir

IJ

- für Gunnar und Tünde -

Herbstregen –
auf der Bank im Hain
Moosduft

CH

Septemberlicht
in meiner Heckenrose
das Netz Indras

IJ

der Garuda*
auf einer Miniatur …
Herbstklänge

CH

verwehtes Blatt –
die kleine Amsel
zudecken

IJ

wohin denn
wir Wildblumen
im Wind

IJ

an der Salzau
ein welkes Eichenblatt
treibt ins Licht

CH

im Setzkasten
die beiden Muschelhälften ...
Träume vom Meer

CH

sprachlos
vor der Poesie des Laubes

IJ

Novemberblues –
eine Mücke tanzt
im Kühlschranklicht

CH

- gewidmet Ilse Jacobson -

noch blühen Rosen
wir nehmen
den späten Zug

IJ

Astern
diese langsamen Abschiede

IJ

Geometriestunde
ein Silberstrahl streift
den Mond

CH

das alte Boot
wie es kämpft
mit der Brandung

CH

Abendstunde –
im Klang der Gläser
ein neuer Ton

IJ

Schuberts Streichquintett
tiefer und tiefer
der Abendhimmel

IJ

Roter Haubarg* –
die Ulmen geschoren
im Westwind

CH

ferner Teegarten –
in meinem alten Becher
ein entrolltes Blatt

CH

Schlussakkord
in seine Hände gelegt
der Klang
die Stille

IJ

Tan-Renga

fern
Akkordeonklang
ich schließe mein Buch   IJ

dieses Baums Blatt*
im Herbstwind   CH

114

Renhai **Bauernrose**

in mir
schon ein Ahnen
Herbst   IJ

Tau liegt auf der Bauernrose   CH
bergan zieht mich ihr Duft   IJ

zur Almwiese –
Heimchen fangen
wie damals   CH

Renhai **Traum eines andern**

Tag für Tag –
unser leises Gespräch
dem Abschied voraus   IJ

vom See her ein Gänseruf   CH
Zeit der dunkeln Frühe*   IJ

im Lichtbogen –
den Traum eines andern
zusammenfügen   CH

Renhai **Gesänge der Frühe**

als hätte ich sie nie
gehört
Gesänge der Frühe* IJ

barfüßig am Strand entlang CH
mit Schaumwein den Abschied feiern
IJ
im Business-Anzug
ruhelos
der Clochard in mir CH

am Wellensaum

im Gedicht
leise zu dir
das wandernde Wort

IJ

Schottland
im Meeresrauschen
mich entdecken

CH

- für meine Tochter Jennifer -

121

Fjordwege –
seiner Füße Abdruck
im Licht

IJ

- für Claus -

nordische Kiesel –
ihr leises Lied
am Wellensaum

CH

122

eine Daune
am alten Helgen
im Aufwind

CH

altes Pallholz
geblieben vom Traum
eine Möwe ruft

CH

Haibun **Jonathan**

... Ich habe noch etwas Zeit bis zum Beginn der nächsten Sitzung. Der Vormittag war anstrengend, ich fühle mich müde und ausgelaugt, musste von Rendsburg nach Kiel zum zweiten Werftstandort hetzen. Vom Parkplatz aus nutze ich den Weg um unser großes Trockendock herum. Es ist leergepumpt. Auf seinem Grund und auf den Mauern tummeln sich Möwen, einige dösen im Sonnenlicht. Überall liegen leere Muschelschalen herum. Am Gebäude angekommen, nehme ich einen Möwenschrei mit ins Treppenhaus.

frische Muscheln
im trockengelegten Dock
Jonathan lacht

CH

Haibun **Schichtbeginn**

… durch das Osttor, wie jeden Morgen. Krähen erwachen und rufen laut vom Kran herab. Im Dock liegt ein Reparaturschiff, die Wetterschutzhalle verbirgt den Yachtneubau. Werker sind unterwegs zum Schichtbeginn. Aus einigen Containern leuchtet bereits Licht. Zwei Trittstufen noch …

mein Schritt –
geborgen in der Matte
aus Moos

CH

Tan-Renga

Teewölkchen –
wie unser Atem spielt
mit dem Duft   IJ

im alten Speicherkontor
ein Bild der *Cutty Sark**   CH

kürzere Tage

Spät im Jahr
aufgeblättert die Geheimnisse
alter Wälder

IJ

Hundewetter –
aus verwaisten Schälchen
etwas naschen

CH

131

irische Balladen
*im Kälberstall**
der Duft ferner Zeit

CH

Im Licht
kürzerer Tage
*Die verlorene Zeit**

IJ

der Sitzstein am Teich
nach dem Regen –
erwarte mich dort

CH

Dämmerstunde
im Schlafrock erwachen
die Äpfel

IJ

bei der Laterne*
ein Fäustling überzogen
vom Raureif

CH

Blitzeis
wir schliddern
in fremde Arme

IJ

134

hagebutten
die ich nicht pflückte
ihr leuchten unterm schnee

IJ

sieben Jahre
auf der Morgenfähre
ihr Lächeln

CH

Schneeflocken
auf meiner Hand
ihr Flüstern

IJ

der arme Poet* –
zwei Spatzen
Daune an Daune

CH

Schwäne rufen
durch den Nebel –
er legt Holz nach

CH

Wie hoch
auch der Schnee lag
vor dem Haus
unserer Kindheit
Vater bahnte den Weg

IJ

Stromausfall
jetzt dehnt sich
der Sternenhimmel

IJ

Sinkflug
sternenklar die Nacht –
ein Hauch von zuhaus

CH

er ist´s –
vor meinem Fenster
pfeift´s
aufgeplustert im schwarzen Frack
mein Winterfreund

IJ

Wildgänse
eine Note Donauwalzer
im Wind

CH

nebelgrauer See
aus dem Nirgendwo
noch ein Gänseruf

CH

Wintermond
Chagalls blaues Haus
erwacht

IJ

Weiße Amaryllis
in Noldes blauen Raum
hineinwachsen

IJ

auf der Warft
dieses Licht
in alten Augen

CH

beim Krippenspiel
welche Lichtfülle
in ihren Augen

CH

In diesen Nächten
nicht zu fassen
Klee´s Schellenengel*

IJ

eine Handvoll Erde
in Gedanken mit ihm
auf dem Spielplatz

CH

winterschwer
die Tannen
tragen den Mond

IJ

die Amaryllis –
in den Wintermorgen
erblüht ihr Lächeln

CH

Duft von Tannenharz
sehe Mutter am Herdfeuer

IJ

Wintermorgen in diesem Licht bleiben

IJ

144

zur Nachtzeit
mit Vater sprechen –
Eiben im Schnee

CH

ein Schattenwurf
am verwitterten Stein
Duft von Reseden

CH & IJ

145

vergessen
alle Lehrbücher –
auf meinem Schoß
das Kind
und der Himmel ein anderer

IJ

- für alle meine Enkelkinder -

lange unterwegs –
ihre Hände berühren
den vollen Mond

CH

- gewidmet Ilse Jacobson -

Tan-Renga

ein Derwisch –
wie der Schneewind tanzt
über dem Feld   CH

*... und die Vögel werden bleiben
und singen**   IJ

Tan-Renga

zwölf Nächte –
gedämpft die Schritte
im Albwind   CH

Wie spät der einsame Kranich
*zurückkehrt ! ***   IJ

Renhai **Dem Licht geöffnet**

Dalis
Meditative Rose –
dem Licht geöffnet   IJ

im Feuerdorn die Amsel   CH
plustert sich auf und singt   IJ

Winterende
auf seinem Schreibtisch
blüht es wieder   CH

one moment in time

Chopins Cello Sonata
Perlen
im Abendwind

CH & IJ

*one moment in time**
auf unsere Worte
fällt schnee

CH & IJ

Anmerkungen

*Ausgesetzt auf den Bergen des Herzens; Rainer Maria Rilke

*Bei der Laterne: Lied *Lili Marleen* von Marlene Dietrich

*Butsudan (jap.): Schrein in einem buddhistischen Tempel oder Kloster, oder auch ein buddhistischer Hausaltar in japanischen Wohnungen zur Dokumentation der Verbundenheit mit dem Buddhismus und zur Verehrung der Ahnen und der kürzlich Verstorbenen.

*Der arme Poet ist das bekannteste und beliebteste Bild des deutschen Malers Carl Spitzweg.

*dieses Baums Blatt...: Johann Wolfgang von Goethe; Gingo Biloba

*Die Cutty Sark ist ein englischer Tee- und Wollklipper. Sie wurde im Jahre 1869 fertiggestellt und war eines der schnellsten Segelschiffe ihrer Zeit. Sie war der letzte Klipper, der für den Seehandel gebaut wurde.

*Garuda: Vogelmensch aus der Indischen Mythologie

*Gesänge der Frühe: Robert Schumann; Klavierzyklus Op. 133

*Die Gedanken sind frei; Im Jahr 1842 wurde das Lied in *Schlesische Volkslieder* von Hoffmann von Fallersleben und Ernst Richter veröffentlicht.

*Die verlorene Zeit: *Auf der Suche nach der verlorenen Zeit* ist ein siebenteiliger Roman von Marcel Proust.

*Doraku (jap): Weg-Genuß; Spielen auf dem Weg

*Das Innere Team ist ein Persönlichkeitsmodell des Hamburger Psychologen Friedemann Schulz von Thun.

*La Sylphide: romantische Ballett-Pantomime.

*Kälberstall: Kulturzentrum in Sellin am Selenter See

*Klee's Schellenengel: Der Maler Paul Klee gehörte zur Gruppe der "Blauen Reiter".

*Der Nantai (jap. 男体山, -san) ist ein Berg im Nikkō-Nationalpark in Zentral-Honshū, der Hauptinsel Japans. Er ist 2484 Meter hoch.

*one moment in time: Popsong von Whitney Houston aus dem Jahr 1988, der von Albert Hammond und John Bettis geschrieben wurde.

*Rast! Gast sein einmal…: Rainer Maria Rilke; Die Weise von Liebe und Tod des Cornets Christoph Rilke

*Der Rote Haubarg ist ein denkmalgeschütztes Haus in der Gemeinde Witzwort im Kreis Nordfriesland. Er gilt als der bekannteste Haubarg.

*Shodoka: ZEN-Text von Meister Yoka Genkaku (665 – 713)

*Takenori: männlicher japanischer Vorname

*Das Tokonoma ist ein essenzielles Element der traditionellen japanischen Architektur. Dabei handelt es sich um eine kleine ebenerdige oder leicht erhöhte, etwa 50 cm tiefe und 1 bis 2 m breite Nische oder einen Erker.

*… und die Vögel werden bleiben und singen: Juan Ramón Jiménez; Die endgültige Reise

*Wie spät der einsame Kranich zurückkehrt !: Tu Fu (712 - 770 n. Chr.); Herbstgedichte

*Zafu (jap.): Sitzkissen

*Zeit der dunkeln Frühe: Eduard Mörike; O flaumenleichte Zeit der dunkeln Frühe!

Danksagung

Wir bedanken uns bei Volker Friebel für seinen ausführlichen Rat und bei Sabine Hansson für Korrekturlesen und ermutigende Begleitung.

zu den Autoren

Hansson, Claus, *1962 in Bordesholm geboren, lebt in Fargau am Selenter See. Diplom-Ingenieur, Diplom-Wirtschaftsingenieur. Bis 2019 als Teamleiter Einkauf auf einer norddeutschen Werft tätig. 5. DAN JKA-Karate und Zen-Schüler.

Veröffentlichungen auf Haiku-heute, artgerecht & ungebunden, im DHG-Forum, in SOMMERGRAS (Zeitschrift der Deutschen Haiku-Gesellschaft), LOTOSBLÜTE (Zeitschrift der Österreichischen Haiku-Gesellschaft), Jahrbüchern, Kalendarien und Anthologien.

Jacobson, Ilse, *1935 in Meinerzhagen geboren, lebt in Mössingen. Bis 2002 tätig als Dipl. Soz. Päd. Vorschul- und Sonderschulpädagogik.

Veröffentlichungen auf Haiku-heute, haikuscope, Mainichi, im DHG-Forum, in SOMMERGRAS (Zeitschrift der Deutschen Haiku-Gesellschaft) Jahrbüchern, Kalendarien und Anthologien.